野口光の、
ダーニングでリペアメイク

日本ヴォーグ社

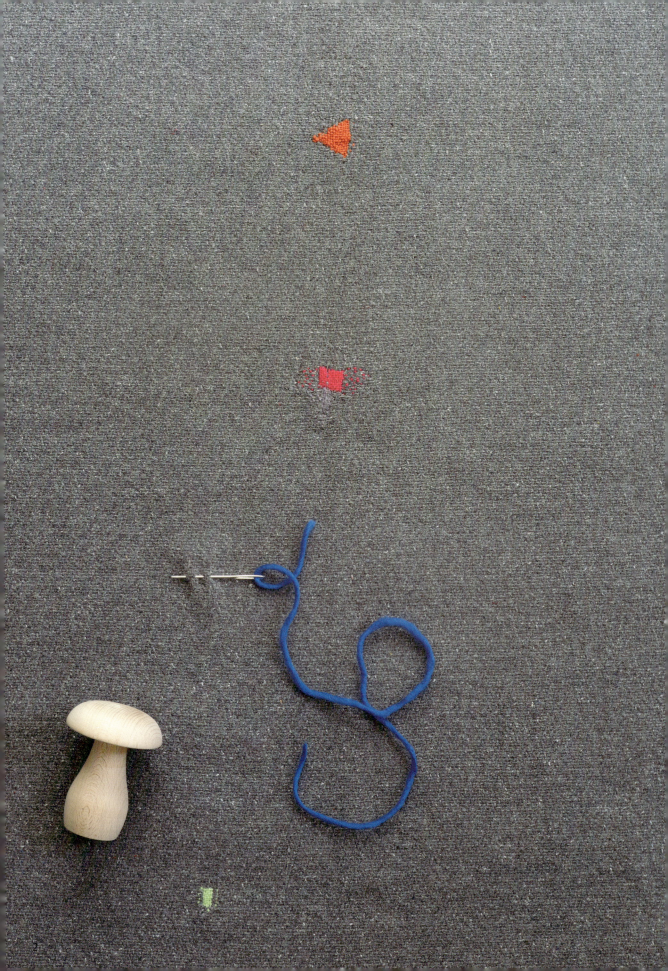

はじめに

　祖父が骨董品や美術品収集を趣味にしていたことから、小さなころから古いものに囲まれ、また手編みの指導者だった母親が、古くなったセーターをほどいて編み直す時のかせづくりを手伝わされたり、父親は若い時に買った車を40年以上乗り続けていたりと、ものを修理したり使い続けることの楽しさを身近に感じて育ちました。女学校時代には、イギリスからの宣教師であり、英会話の先生であったミス・チャンドラが着ていた、上手とは言えない繕い跡が目立つサマードレスやジャケットを見て、なぜ新しい服を買わないのだろうか？　と思いながらも、「粋だな」と感じたのも私の"繕い原体験"だと思います。19歳ではじめてイギリスへ旅行したとき、"古いものの保存"と"新しい価値観"が社会の規範にあるイギリスの生活文化に非常に親しみを感じ、居心地がよく、後にロンドンに15年暮らすことになりました。

　時代も変わり、あっという間に大抵のものは修理をするよりも買い替えた方が安いという世の中になりました。25年以上、デザイナーとして毎年新しいデザインや商品を提案してゆく中で、ファッションやデザインの現場の様々な矛盾に疑問を持つようになりました。そんなとき出合ったのが、繕う部分を目立たせるダーニングという針仕事。私の中の矛盾のいくつかを解決してくれる道しるべとなりました。

　ダーニングは、一般的な手芸のように作品を完成させることが目的ではありません。自分でいいかな？　と思ったところが完成です。またさらに傷んだらその上から刺していけばいいし、針目だってメチャクチャなくらいがかわいい。愛着溢れるものが、時間とともに育ってゆく感覚を味わうと、新品のものが味気なく感じたりします。

　私の願いは、多くのものがきちんと使い尽くされ、最後にはゴミになり土に還ってゆくことです。ダーニングはそんな"ものの万象"の一端を担えるのではないでしょうか。

野口 光

Contents

はじめに …………………………………… 3

イギリスで出合ったダーニング ……………… 6
リペアメイクの仕事場から ………………… 8
ヴィンテージダーニングマッシュルーム …… 10
オリジナルダーニングマッシュルーム ……… 11
ダーニングをする前に用意するもの ………… 12
Darning Technique 1　ゴマシオ …………… 13
Darning Technique 2　四角 ………………… 16
Darning Technique 3　リバーシブル ……… 19
Darning Technique 4　ゴマシオ＋四角 …… 20
Darning Technique 5　四角の変形 ………… 22
Darning Technique 6　イングリッシュダーニング … 24
Darning Technique 7　アコーディオンダーニング … 25
Darning Technique 8　あて布〜上から ……… 26
Darning Technique 9　あて布〜下から ……… 27

Chapter 1
秋冬ものにダーニング ………………… 28
ショール／マフラー／ミトン／手袋／ダッフルコート／キャメルコート

Chapter 2
くつ下にダーニング …………………… 34
くつ下／タイツ／5本指ソックス

Chapter 3
デニムにダーニング …………………… 40
ジーンズ／デニムジャケット

Column 1
ダーニングマッシュルームの代わりに使えるもの …… 46

Darning Technique 10　チェーンダーニング ……… 47
Darning Technique 11　ハニカムダーニング ……… 48
Darning Technique 12　タンバリンダーニング …… 49

Chapter 4
セーターにダーニング ………………… 50
セーター／ベスト／カーディガン／メンズセーター

Chapter 5
シャツにダーニング …………………… 60
ブラウス／コットンシャツ／リネンシャツ

Chapter 6
ワンピースにダーニング ……………… 64
コットンワンピ／黒ワンピ／シルクワンピ

Column 2
繕うということ—クラフトと科学の不思議な関係 …… 67

この本に関するご質問は、お電話またはWEBで
書名／野口光の、ダーニングでリペアメイク
本のコード／NV70500
担当／鈴木博子
Tel：03-3383-0637（平日13:00〜17:00受付）
Webサイト「手づくりタウン」https://www.tezukuritown.com
※サイト内"お問い合わせ"からお入りください。（終日受付）
（注）Webでのお問い合わせはパソコン専用となります。

本誌に掲載の作品を、複製して販売（店頭、ネットオークション、バザーなど）することは禁止されています。個人で手作りを楽しむためにのみご利用ください。

Contents

Chapter 7
Tシャツetc.にダーニング·················· 68
タンクトップ／Tシャツ／ポロシャツ

Chapter 8
子ども服にダーニング··················70
Tシャツ／スウェット／ダウンジャケット／オーバーオール

Chapter9
インテリアにダーニング·················· 74
ブランケット／テーブルクロス／ラグ／ソファ／クッション

Chapter10
お出かけ小物にダーニング·················· 80
薄手ショール／帽子／バッグ

ダーニングの糸の選び方·················· 83

糸と生地の合わせ方❶
ウールやカシミアのセーター·················· 84

糸と生地の合わせ方❷
シャツやチノなどの織り生地·················· 86

糸と生地の合わせ方❸
ポロシャツ、Tシャツ、スウェット·················· 88

糸と生地の合わせ方❹
デニム·················· 90

デニム＆くつ下のパターン集·················· 92

おわりに·················· 95

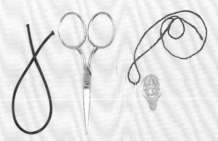

A
B

darning in England

撮影／斎藤久美（C、D、E、H、本文中写真）、野口光（その他）

イギリスで出合ったダーニング

日本ではまだ聞きなれない「ダーニング」。
英語で「繕う」を意味する言葉で、イギリスに昔から伝わる、とてもシンプルな家庭での繕い方法なのです。

C

E

D

A,B／レイチェルさんの湖水地方にあるご実家の風景。橋は建築家であるお父様のデザイン。　C／レイチェルさんがダーニングし続けているDIY用セーター。　D,E／レイチェルさんが選ぶ糸は色鮮やか。固定概念を覆す縫い方です。　F／レイチェルさんが以前に東ロンドンで商っていたお店「Prick Your Finger」。　G／店内には毛糸の他、手芸用具やキットがいっぱい。　H／レイチェルさんの手芸道具。ペンケースに入れて携帯。　I／嵐で倒れた樹木の幹や枝は、レイチェルさんのお父様が薪や木工用として活用。　J／ダーニングマッシュルームは頭部分と持ち手を別に作って組み合わせます。　K／木の器を制作中のレイチェルさんのお父様。

http://www.rachaelmatthews.co.uk/

　今と違い衣類が大変貴重だった時代、イギリスのヴィクトリア時代でも庶民の大半は家族の着る服の多くを家庭で縫い、繕いながら大切に着続けていました。また博物館の裁縫箱の展示などで美しく装飾されたダーニング道具を見ると、中流階級以上の生活に余裕のある人々でも教養としての手習いのひとつに、ダーニングがあったことが理解できます。第2次世界大戦前後の物資不足時代には政府から清貧生活を提唱され、衣類の装飾を制限するのと同時に、ダーニングマッシュルームを使った縫い方法も推奨されました。そのため、現在でも蚤の市では古いダーニングマッシュルームを見かけますし、戦中世代の人たちの裁縫箱にはダーニングマッシュルームや専用の小巻毛糸が常備薬のように収まっていたりします。

　そんなイギリスで、私にとって衝撃的な出合いとなったのは、ニット・テキスタイル研究家のレイチェル マフューさんが営む毛糸屋さん「Prick Your Finger」を訪ねた時のこと。そこでディスプレイされたダーニングマッシュルームを発見し、その健康器具のような道具がダーニング＝繕いのためのものであると説明され、その場でダーニングを伝授してもらいました。写真のセーターを目にしたのもこの時。頂き物という量販店製のウールのセーターを、レイチェルさんは得意のDIYの大工作業着として愛用しているとのこと。釘などに引っかけて穴があき、カラフルな毛糸で縫い、洗濯し…を繰り返してゆくことで、今では地がほとんど見えないくらい、ダーニングによる新たなモザイクのような地層が生まれてきているのです。繕うことが「新品同様に見せること」「縫い跡を見せないのがお約束」と考えていた私は、この「見えるように繕う」という単純な針仕事が、このような表現手段になり得ることを思い知らされ、目からうろこが落ちるような衝撃的な経験となりました。

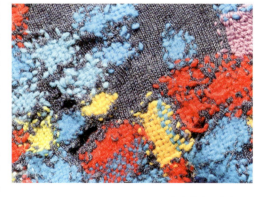

　ダーニングマッシュルームは、建築家で木工芸が趣味のレイチェルさんのお父様が、湖水地方の自宅の広大な敷地で、風や寿命で折れた巨木の太い枝を乾燥させて作ったもの。身近にあるものを最大限に有効利用しようとする創意工夫の精神が溢れています。

　現在イギリスではレイチェルさんをはじめ、Celia Pym、Friddie Robins、Tomofholland、Amy Twigger Holroyd、木戸早苗さんが、ダーニングを通して芸術、生活科学の研究者として活躍されています。

リペアメイクの仕事場から

繕うことは私にとって、ごく日常的なこと。作業するのは決まって自宅のダイニングです。

　私が南アフリカの小さな町で生活していたころ、週末や長い休みの午前中、子どもたちがダイニングテーブルで勉強をするときに、子どもたちの様子をいわば監視するためにはじめた"ダイニングテーブル（食卓）手芸"。ダイニングテーブルには教科書やノート、辞書、その隣にお裁縫箱が置かれています。そこで、頻繁に行われる学校のバザーやチャリティ活動に寄付するかぎ針編みの毛布作りをはじめ、ボタン付けや裾まつりなど家族の衣類の修繕をしていました。そのため、今でも私のダーニングの作業場は自宅のダイニングテーブル。糸やお道具を入れる容器もアンティークの絵付きのお皿やシルバーの菓子鉢、世界各地のカゴやざる、ヴィンテージのお盆やビスケットの缶と、自然にダイニングテーブルに似合う容器に収めるようになりました。分類もモヘア、ウール、ラメ糸、程度の簡単なもの。分類不可能な半端糸用のお菓子箱もあります。そんな半端箱から宝探しのように糸を探すのも楽しいものです。私は元来きっちりとお片付けができるタイプではないのですが、このような曖昧収納のお蔭で、思いもよらない糸や色の組み合わせを発見することもあります。

　ほとんどの衣類のダーニングは数十分、または小一時間で完成するもの。ミシンを出すわけでもなく、道具もダーニングマッシュルーム、針、ハサミというごく簡単なものだけ。日常の生活でボタンを付け替えるくらいの気持ちで、ささっとダーニングしてもいいし、大きく広範囲にひたすら刺し続けることもできます。気持ちを無にして作業ができることから、刺し終わりには半端ではない充足感が味わえます。

　ダーニングはボタンの付け方と同じで、教科書に掲載されている「正しいやり方」でなくても、「何となく刺していったらできちゃった」ということがほとんど。この本では基本〜応用テクニックを12パターン掲載しましたが、どれも正確に忠実に従う必要はありません。「何となくやっているうちにできちゃった」くらいでいいのです。それを何度か繰り返してゆくうちに、そのステッチがあなたのオリジナルのダーニングステッチとなってゆくのです。

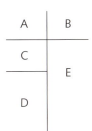

A／糸のダイヤモンドとも言われるほど、強靭で吸湿性のあるモヘア糸。多くは私が長く暮らした南アフリカで作られています。私のダーニングには欠かせない素材。　B／カラフルな糸のコーンを無数に積み重ねてダイニングテーブルの傍らに。色や素材の数が多ければ多いほど、創造力も無限に広がります。　C／アフリカのかごにダーニングマッシュルームをひとまとめに。中にはダーニング用ではなく、ただの飾りのマッシュルームも。といっても、ちゃんと使うこともできます。　D／ダーニングする時はほんの数十分でも心が無心に。　E／すぐ手に取れるよう、籐かごの上に刺繍糸とお気に入りのダーニングマッシュルームをひとつ。

ヴィンテージダーニングマッシュルーム vintage darning mushroom

　ヨーロッパの生活史博物館などを訪ねると、裁縫箱の展示で見かけるダーニングマッシュルーム。今でもヨーロッパやアメリカの蚤の市やアンティークショップで頻繁に目にします。マッシュルーム型だけではなく、ダーニングシェルと称して子安貝が置かれていたり、他にもダーニングエッグ、ダーニングロリポップ、靴の木型に似たくつ下用のダーニングフット、手袋専用のダーニングスティックなど様々。どれも細かい傷が残っていて、それを見る度に「どんな人物が、どのような思いを込めてダーニングをしていたんだろうか？」と感慨にふけることがあります。

A／バラ模様にペイントされた手のひらサイズ。 B／大理石のような模様のプラスチック製。中に針や糸を収納できます。 C／手彫りの木製。 D／コイル状の輪で生地を押さえるタイプ。 E／ソックス専用と明記されているもの。 F／キャベツプレスという台所用具ですが、博物館によってはダーニングマッシュルームと表記！ G／花ペイントがポイント。 H／Dと同様、金属製のバンド付きタイプ。 I／1950-60年代と思われるプラスチック製。 J／蚤の市で買ったシンプルなタイプ。

オリジナルダーニングマッシュルーム original darning mushroom

　「理想のダーニングマッシュルームを作りたい」と八王子の木工挽所と試作を重ねて制作したオリジナル商品群。ワークショップで初心者の方が、ダーニングマッシュルームを左手で持ち続けてぎこちなく作業するのを目の当たりにし、テーブル置きができる立ち型ダーニングマッシュルームを考案しました。そのヒントは、私が大きな穴のダーニングに使っているアフリカの路上で買った木彫りの巨大なキノコの置物！　また、宮城のこけし職人さんと作ったダーニングこけし、岐阜の大理石を使ったものなど、日本ならではのオリジナル品も提案しています。

A／北欧のブナの木を使用。これはこげ茶のオイルで磨いたもの。　B／絵本に出てくるような森のキノコをイメージ。　C／テーブル置きでも、手に持っても使え、手に負担が少ない軽さが長時間のダーニングに最適なデザイン。　D／岐阜産の大理石で作ったもの。重いので、デニムや重衣料のダーニング時に役立ちます。　E／宮城の名工とのコラボ。持ちやすいよう腰を細くし、頭を横長に、頭上を平らに修正してもらいました。　F／5本指ソックスに特化したダーニングスティック。

Let's start darning

ダーニングをする前に 用意するもの

ダーニングマッシュルームさえあれば、家にある裁縫道具でダーニングはできます。
ゴム、はさみ、針、糸通しを手もとにそろえてからはじめましょう。

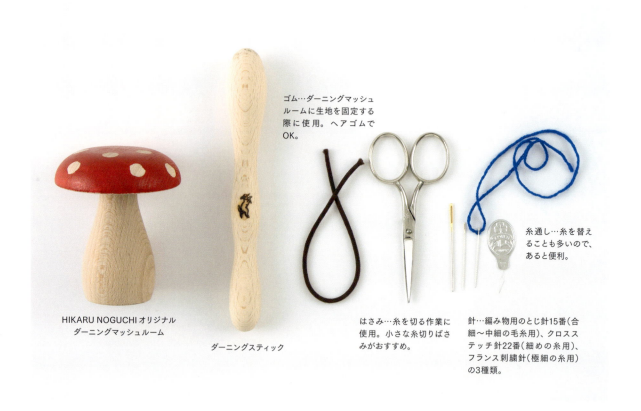

HIKARU NOGUCHI オリジナル
ダーニングマッシュルーム

ダーニングスティック

ゴム…ダーニングマッシュルームに生地を固定する際に使用。ヘアゴムでOK。

はさみ…糸を切る作業に使用。小さな糸切りばさみがおすすめ。

針…編み物用のとじ針15番（合細〜中細の毛糸用）、クロスステッチ針22番（細めの糸用）、フランス刺繍針（極細の糸用）の3種類。

糸通し…糸を替えることも多いので、あると便利。

HIKARU NOGUCHI オリジナル
ダーニングマッシュルーム

特徴1 マッシュルームの傘には水玉模様のかわいいペイントが！

特徴2 上質の白木を使用。手にしっくりなじみ、使い込むほどに艶が出ます。

特徴3 立ち型だから、テーブルに置きながら作業ができてラク！

5本指ソックスに便利！
ダーニングスティック

よく擦り切れがちな5本指または足袋ソックスのダーニングに最適。
親指には太い側を、他の指には細い側を使いましょう。

Darning Technique 1 ゴマシオ

ゴマシオのような針目でザクザクと縫っていくのが「ゴマシオ」ダーニング。
表側にゴマ粒のようなぷっくりとした縫い目が現れます。
くつ下のかかとなど、すり減った生地を補強するテクニックです。

<<こんな場合に…>>
穴はあいていないが、生地が少しすり減ったり、傷んでいる。

使用糸
合細毛糸（オレンジ）
刺し子糸（黄色）

before / after

ダーニングマッシュルームにセットする

1 すり減ったエリアをダーニングマッシュルームにかぶせてセットする。緩みがないように生地を広げておくこと。

2 ダーニングマッシュルームの根元をゴムで2重に巻く。

3 ゴムを1回結んで固定する（ほどけなくなるので2回結ばないように）。

1列め

4 糸は腕の長さくらいにカットし、針に糸を通す。糸通しを使うと便利。

5 生地の流れを見て、上下左右を決める。すり減ったエリアの約5mm外側から縫いはじめる。まず、右上のところを右から左に1cmほど1針すくう。

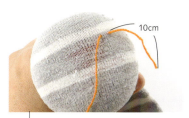

6 糸を引き、糸端はあとで始末をするため、10cmほど残しておく。

Lesson 1

7 2針めは、ゴマ1粒分（1〜2mm）戻ったところに右から左に刺す。

8 さらに約1cm先を刺す。ゴマ1粒分の縫い目が表側に現れる。

9 1針進んでゴマ1粒分戻る、を繰り返して1列ゴマシオをする。

2列め

10 1列終わったら、ダーニングマッシュルームごと180度回転させる。

11 1列めのラインのすぐ上に、右から左に1針すくって2列めを縫いはじめる。

12 2列めは、あえて1列めの縫い目とそろえず、ランダムに刺すとよい。

糸替え

13 糸が短くなったら、この時、糸の色を替えてもよい。針から糸を抜き、糸を付け替える。

14 縫いはじめの時と同様に替えた糸でゴマシオをしていく。

15 縫い終わったところ。すり減ったエリアに合わせて縫い進めていくと、自然と形ができてくる。

糸の始末

16 ゴムを引っ張ってほどき、ダーニングマッシュルームから生地を外す。

17 縫いはじめや糸を替えたところの糸の始末をする。糸端を針に通して、裏側に糸を出す。

18 生地を裏側にひっくり返し、縫い目に4目くらいくぐらせる。

19 さらに糸を割るようにして2目戻り、糸端を切る。糸始末後、スチームを軽くあてて糸をなじませる。

裏側

半返し縫いの要領で縫い進めるため、裏側に糸がみっちり渡るので生地の補強に。裏からゴマシオを刺してこちら側を表に見せてもよい。

ゴマシオ

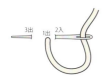
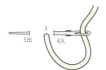

<<ここがPOINT!>>

通常の半返し縫いとは異なり、
縫い戻る時にほんのゴマ1粒分だけ戻るのがコツ。

Darning Technique 2 四角

タテ糸とヨコ糸を掛けていく、一番ベーシックなダーニングテクニックです。
この方法なら、ぽっかりあいてしまった穴でもきれいにふさがります。
糸の運びがそろわなくてもヘタウマでかわいく見えるのがうれしい。

<<こんな場合に…>>
虫食いなどの小さな穴から、大きく破れた穴まで。

使用糸
極細毛糸（ピンク、黄緑）

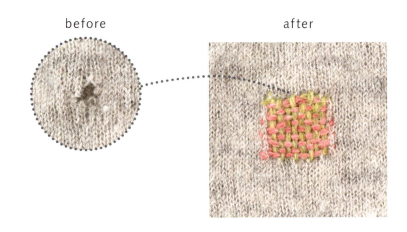

タテ糸を刺す

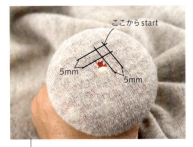

1 ダーニングマッシュルームに生地をセットする。穴の右上から外側へ5mmのところから、1針めをスタート。

2 生地の流れを見て、上下左右を決める。右から左に、生地の毛糸を1〜2本すくうイメージで1針すくう。ダーニングマッシュルームに針をあてるようにして裏までをすくうこと。

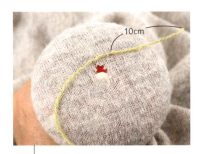

3 糸を引き、糸端はあとで始末をするため10cmほど残しておく。

4 次に、穴の右上から外側へ5mmのところ（1針めの真下）を2と同様にして右から左に1針すくう。

5 糸を引くと、タテ糸が1本渡る。糸の引き加減は、ゆるすぎずきつすぎず適度な加減に。

6 1本めのタテ糸の左隣を右から左に1針すくう。タテ糸とタテ糸の間隔は使用糸1本分くらいあけること（ヨコ糸を通しやすくするため）。

ヨコ糸を渡す

7 穴から5mm外側までタテ糸を渡して完全に穴をふさいだら、タテ糸は完了。

8 糸をピンクに替え、ヨコ糸を渡していく。まず、タテ糸の右角のすぐ隣を右から左に1針すくう。

9 タテ糸の1本めはくぐらせ、2本めはとばし、針で1本おきにタテ糸をくぐらせていく。最後は左端の生地を右から左に1針すくう。

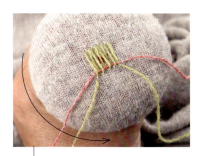

10 糸を引き、ダーニングマッシュルームごと180度回転させる。

11 右端の生地を右から左に1針すくい、ヨコ糸の2本めは1本めと互い違いになるようにくぐらせる。

12 最後は左端の生地を右から左に1針すくう。

13 ヨコ糸の2本めまで通し終えたところ。ヨコ糸同士は隙間があかないよう、針や爪で詰めながらみっちり渡していく。

14 180度回転させて、同様に11、12を繰り返して3本めのヨコ糸を渡していく。この際、糸を割らないよう針穴側で行うと通しやすい。

15 ヨコ糸を通し終えたところ。タテ糸を割らずに渡していくこと。割ってしまうとヨコ糸の隙間が詰められないので注意。糸始末後、スチームを軽くあてて糸をなじませる。

糸始末のバリエーション

表の縫い目に通す
一番簡単な方法。くつ下や肌着など裏側の肌触りが特に気になる場合に適しています。

1　ダーニングマッシュルームにセットしたまま、糸端をタテ糸に沿わせて内側に隠す。

2　さらに、L字形にヨコ糸に沿わせて隠す。

3　糸端をなるべく短くカットする。

裏の縫い目に通す
裏の縫い目がふくらみますが、くつ下やカットソーなど直接肌にあたるアイテムもこの方法でOK。

1　ダーニングマッシュルームから生地を外し、糸端を裏側に出す。

2　糸端を裏の縫い目に4目ほどくぐらせる。

3　2でくぐらせた縫い目を、さらに糸を割るようにして2目戻り、糸端を切る。

裏で玉結びをする
カーディガンやバッグなどの小物類など、直接肌には触れないものは玉結びで処理。

1　ダーニングマッシュルームから生地を外して糸端を裏側に出し、針を押えて糸を2重に巻く。

2　針に巻いた糸を指で押えながら針を引いて玉結びをし、余分な糸端を切る。

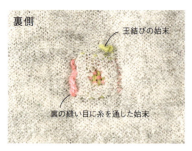

裏側は縫い目が少なくすっきり。穴はタテヨコの糸でふさがっている状態。

Darning Technique 3 リバーシブル

テクニックは四角のダーニングとほぼ一緒。
衿元や袖口、マフラーやショールなど、裏側も人目に触れるものには、
両面にダーニングしてリバーシブルにしてみましょう。

<<こんな場合に…>>
衿元や袖口の穴、
マフラー、ショール、
スカーフの穴など。

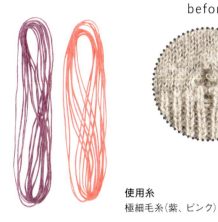

使用糸
極細毛糸（紫、ピンク）

before

after

表側　　　　　　　裏側

表側

1 ダーニングマッシュルームに生地の表側をセットし、P16の1～7を参照してタテ糸を刺す。

2 P17の8～15を参照してヨコ糸を通して四角ダーニングを完成させる。この時点で糸始末はしない。

裏側

3 次に、生地を裏に返して、表に刺した四角ダーニングの裏側をダーニングマッシュルームの中心にセットする。

糸の始末

4 表側の縫い目に沿って、四角のダーニングを刺す。

5 糸始末はダーニングマッシュルームから生地を外し、糸端を輪郭に沿って通す。表と裏のダーニングの間に入れ込むだけなので簡単。

6 余分な糸端を切る。他の糸端も同様に表と裏の間に入れて処理する。スチームを軽くあてて糸をなじませる。

Darning Technique 4 ゴマシオ＋四角

基本の四角のダーニングとゴマシオを組み合わせたテクニック。
穴の補修と生地の補強を同時に行うことができます。
また、数列ごとに糸の色を変えるとチェック柄に。

<<こんな場合に…>>

穴があいていて、そのまわりの生地もすり減っている。

使用糸
タテ糸・ヨコ糸…刺し子糸
（紺、茶色、赤）

タテ糸を渡す

1 ダーニングマッシュルームに生地をセットし、すり減ったエリアの右下からスタートし、真上にゴマシオで縫い進めていく。

2 まず1針すくい、糸を引く。糸端は10cmほど残しておく。

3 ゴマ1粒分（1〜2mm）戻ったところに刺す（P15ゴマシオ参照）。

糸の色替え

4 1列ゴマシオを刺す。

5 1列めの左隣を1針すくい、2列めをゴマシオで刺す。

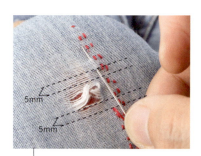

6 穴にかかる3列めは穴の手前5mmのところでゴマシオをとめる。穴をジャンプし、穴の反対側から5mmのところをすくう。

7 糸を引き、上までゴマシオを続ける。これを穴が隠れるまで繰り返す。

8 糸が足りなくなったら、糸を茶色に替える（3〜4列ごとに色を変えていくとチェック柄が完成）。

9 タテ糸で穴が完全に隠れたところ。

ヨコ糸を渡す

10 さらにゴマシオをタテに続けて、すり減った部分を補強する。

11 ヨコ糸は、生地を補強するため、四角から少し離れた右上からスタートする。

12 左端までゴマシオを刺したら、ダーニングマッシュルームを180度回転させて、2列めを刺す。

13 四角部分に来たら、ヨコ糸を右から左にタテ糸に交互にくぐらせ、またゴマシオを左端まで刺す。

14 四角にヨコ糸を渡し終えるところ。針や爪でヨコ糸を詰めながら行うときれいに仕上がる。

15 さらにゴマシオを数列続けて、すり減ったエリアを補強する。最後に糸始末（P15参照）をして完成。スチームを軽くあてて糸をなじませる。

Darning Technique 5 四角の変形

四角のダーニングの応用編。
タテ糸の刺し方を変えるだけで、三角形やハート形など自由自在に形が変化。
はじめに輪郭を下描きしておくと、慣れない人も簡単&きれいに仕上がります。

<<こんな場合に…>>
穴やシミなどのダメージをかわいいワンポイントに変えたいとき。

使用糸
三角形
タテ糸・ヨコ糸…合細毛糸(オレンジ)
L字形
タテ糸…中細毛糸(カーキ)
ヨコ糸…極細モヘア毛糸(カーキ)

before

after

三角形

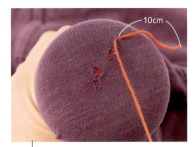

1 ダーニングマッシュルームに生地をセットする。穴のあたりに三角形が乗るようにイメージし、右上に右から左に小さく1針すくって糸を引く。

2 1針めの真下に、1と同様に右から左に1針すくう。

3 糸を引くと1本めのタテ糸が渡る。2本めのタテ糸は1本めより少し低い位置に右から左に1針すくう。

4 2本めは1本めよりタテ糸の長さを短くする。

5 タテ糸を渡し終えたところ。少しずつ低い位置に刺してタテ糸を短くしていき、三角形をタテ糸で形作る。

6 ダーニングマッシュルームごと180度回転させ、ヨコ糸を渡していく。まず三角形の頂点を小さく右から左に1針すくう。

7 タテ糸を交互にくぐらせ(P17参照)、左端の生地を右から左に1針すくう。

8 ダーニングマッシュルームごと180度回転させ、2本めのヨコ糸を6〜7と同様に渡していく。

9 ヨコ糸を渡し終えたところ。糸の始末(P18参照)をしたら三角形の完成。

L字形

1 穴の上に、アイロンで消せる印付けペンでLの輪郭を下描きする。

2 ダーニングマッシュルームに生地をセットし、タテ糸を渡していく。右上に右から左に1針、次にその真下に1針すくい、糸を引く。

3 下描きした輪郭に沿ってタテ糸を渡していく(P16の1〜7参照)。

4 ヨコ糸はモヘアに替える。右上に右から左に1針小さくすくい、タテ糸を交互にくぐらせ(P17参照)、左端の生地を右から左に1針すくう。

5 ダーニングマッシュルームを180度回転させながら4を繰り返してLの長い辺を埋める。

6 続けて短い辺も、最後までみっちり埋める。最後に糸始末(P18参照)をして完成。スチームを軽くあてて糸をなじませる。

Darning Technique 6 イングリッシュダーニング

すり減ったり、傷んだりしている生地に使用する四角の応用テクニック。
ヨコ糸を渡しながら生地を少しずつ拾っていくため、
もとの生地とダーニング部分がよくなじんで、自然な仕上がりになります。

<<こんな場合に…>>
生地のダメージを
さりげなく自然に
修繕したいとき。

使用糸
タテ糸・ヨコ糸…
極細毛糸（オレンジ、赤茶）
25番刺繍糸（黄土色）
合細毛糸（緑）

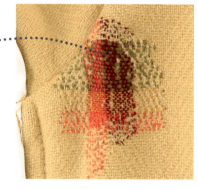
before / after

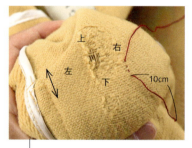

1 ダーニングマッシュルームに生地をセットし、ダメージエリアの約1cm右下から並縫いをする。ゴマシオ（半返し縫い）ではないので注意！

2 ダメージ部分に来たらジャンプし、また並縫いを上まで続ける。

3 1～2と同様に、途中で糸を替えながらタテ糸を渡していく。

<<ここがPOINT!>>

4 ヨコ糸を渡していく。右上からスタートし、タテ糸と同様にまず並縫いをする。

5 タテ糸を交互にくぐらせていく。この際に、ときどき生地を小さくすくう。すくう回数はランダムでOK。

6 タテ糸に通した後も左端まで並縫いをし、これを最後まで行う。生地をすくうと後でヨコ糸を詰められないので、みっちり糸を通しておくこと。最後に糸始末（P18参照）をして完成。スチームを軽くあてて糸をなじませる。

Darning Technique 7 アコーディオンダーニング

タテ糸に太めの糸や和紙糸、リボンヤーンなどを使用してアコーディオン風に。
ヨコ糸はゴマシオをするだけなので簡単なテクニックです。
ヨコ糸をくぐらせない分、タテ糸に太めの糸を使っても大丈夫。

<<こんな場合に…>>
生地が少しすり減ったり、シミがついたりといった軽めのダメージに。

使用糸
タテ糸…和紙糸(グレー)
ヨコ糸…シルク手縫い糸(カーキ)

before　after
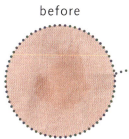

1　ダーニングマッシュルームに生地のシミ部分をセット。和紙糸をとじ針に通し、シミの右上5mmのところを右から左に1針すくう。

2　1の真下を右から左に1針すくい、糸を引いてタテ糸を渡す。

3　1～2と同様にしてタテ糸を渡す。シミの周囲5mmまでタテ糸で隠れるようにする。

4　ヨコ糸はゴマシオ(P13参照)をしていく。まず、右上のタテ糸の手前1cmくらいのところから刺しはじめる。

5　和紙糸を上から押えるようにゴマシオで進む。

6　ゴマシオを終えたところ。タテ糸の左右より長めにゴマシオを刺す。長さはバランスを見てお好みで。最後に糸始末(P15参照)をして完成。スチームを軽くあてて糸をなじませる。

Darning Technique 8 あて布〜上から

大きな穴などは、あて布を上からかぶせてしまえばお直しも手軽で簡単。
さらに、あて布の上からゴマシオをザクザク。
市販のワッペンよりも味のある仕上がりになります。

<<こんな場合に…>>
大きめの穴、広範囲の生地の傷みなどを短時間で修繕したいとき。

使用糸
極細毛糸(藍色)、麻の刺繍糸(青)
刺し子糸(赤)、25番刺繍糸(黄色)
その他、プリント布3種類、両面接着シート

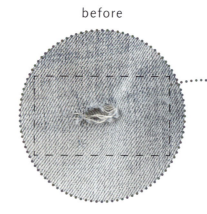
before

after

1 カットした両面接着シートの上に穴のサイズに合わせてカットしたプリント布(ここでは3種類を使用)を重ねて、あて布を作る。

2 布をあててアイロンをかけ両面接着シートとあて布を接着させる。

デニム(表)
あて布(表)

3 両面接着シートの剥離紙をはがし、ジーンズの穴のある部分に2をのせ、アイロンで接着させる。

4 縫う範囲が広い場合は、ダーニングマッシュルームの代わりに底の丸い大きめの器などを使っても。

5 まず、あて布の下側を端から端までゴマシオ(P13参照)で刺す。

6 右から左に1列ずつゴマシオをしていく。あて布の左右より1〜2cm長めにゴマシオを刺す。裏で糸始末(P15参照)をして完成。

Darning Technique 9 あて布～下から

穴の下にあて布をする方法。
縁の周囲にステッチをして、さらに裂けたりしないようにしっかり補強します。
デニムの膝やシャツの脇の穴やすり切れにも応用できます。

<<こんな場合に…>>
中くらいの大きさの穴なら、どんなアイテムでも。

before

after

使用糸
シルク手縫い糸（茶色）
その他、ベルベットの幅広リボン
（もしくは同サイズの端切れでもOK）

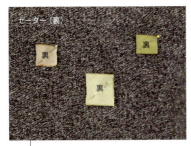

1 生地を裏返し、穴の上にリボンをのせてまち針でとめる。

2 リボンの周囲にしつけをし、まち針を外す。

3 表に返してダーニングマッシュルームに生地をセットし、穴の縁に沿ってブランケット（ボタンホール）ステッチをする（P49参照）。

4 リボンを針ですくって刺していく。短い針目で細かく刺すとよい。

5 1周したら、1針めのステッチに針をかける。

6 裏で糸始末（P18参照）をして完成。

Chapter 1 | 秋冬ものにダーニング

コートやマフラーなど厚手のあったかアイテムは、長年愛用し続けて穴などのダメージも多いはず。
ワンポイントになるようなダーニングで繕って、装いを新たにしてあげましょう。

01

Repairmake
02

ダメージ：
コーヒーのシミとひっかけ傷
使用糸：モヘア混毛糸
How to make
ダメージ部分にシンプルな丸のハニカムダーニング（P48）をする。

丸は愛用のマグカップでシミや傷みが隠れる位置に丸く印をつけて刺し始めます。真ん中を刺さずに残すことで、懐かしいビスケットのような形になりました。

明るめの色を6色選んで小さな四角いダーニングを施し、虫食い穴をさりげないアクセントに変えました。

Repairmake
01

ダメージ：虫食い穴
使用糸：極細毛糸
How to make
穴の上に基本の四角（P16）でダーニングをする。穴の裏側も同様の四角でダーニングし、リバーシブル（P19）で仕上げる。

Chapter 1

ミトンの牧歌的な優しい形も大好きですが、必ず傷んでくるのが人差し指と親指の先。キャラメル色のウールのミトンには、発色がよい毛糸を使って補修してあげます。

Repairmake
03

ダメージ：
指先の摩擦によるすり切れ
使用糸：中細毛糸
How to make
人差し指と親指の先に四角(P16)のダーニングをする。

Repairmake
04

ダメージ：
指先の摩擦による穴やすり切れ
使用糸：極細毛糸、刺繍糸
How to make
穴の形に合わせて、変形のダーニング(P22)をする。指部分はダーニングスティックを使用。

旅先で指先や第2関節付近にすり切れや穴があくハプニング。手元にあった刺繍糸でとりあえず縫い、あとで極細毛糸で薄くなった部分にダーニングしました。

03

Chapter 1

Repairmake
05

ダメージ：
生地の裂けたような傷み
使用糸：極細毛糸、
25番刺繍糸、合細毛糸
How to make
縫い方はP24参照。

イギリスの老舗グローバーオール社の黄色のダッフルコートは前身頃の首元が傷んでしまいました。イングリッシュダーニングで細かく生地をすくいながら、糸をなじませて刺しました。

Repairmake
06

ダメージ：
経年着用による生地の劣化
使用糸：
段染めのモヘア毛糸
How to make
劣化しているほころび部分にゴマシオ(P13)と四角(P16)でダーニングする。袖口はブランケットステッチ(P49)をする。

正統派のキャメルコートになじむように、類似の明度の段染めにしたシルク混モヘア糸をチョイス。上品な艶と強靭な繊維の強さを誇るモヘア糸は摩擦による傷みに最適です。

Chapter 2 | くつ下にダーニング

生地がすり減ってスカスカになったり、指に穴があいたり、何といってもダメージが多いのがくつ下。
でも、カラフルな糸や耐久性のあるモヘア糸で繕えば、まだまだ履き続けられます。

Repairmake 07

ダメージ：
農作業による摩擦や
ひっかけによる穴
使用糸：並太毛糸
How to make
穴とその周囲のすり切れ部分にゴマシオ＋四角(P20)でダーニングする。左足のつま先は四角の変形(P22)でダーニングしてアクセントに。

Repairmake 08

ダメージ：
長年着用によるすり減り
使用糸：極細モヘア毛糸
How to make
軽いすり減り部分にはコマ刺し
(P.13)を、かかとのすり減り部分に
はチェーンダーニング(P.47)をする

Repairmake 09

ダメージ：
長年着用によるすり減り
使用糸：極細モヘア毛糸
How to make
かかと、つま先のすり減り部分の
形に合わせて、ハニカムダーニング
(P.48)をする

ウールタイツは大切に扱っていても、つ
ま先やかかとがスカスカ、スケスケーとすれ
ていきます。そんなスカスカに有効なの
がチェーンダーニングとハニカムダーニ
ング。簡単なステッチをするだけで、長
く着用できます。

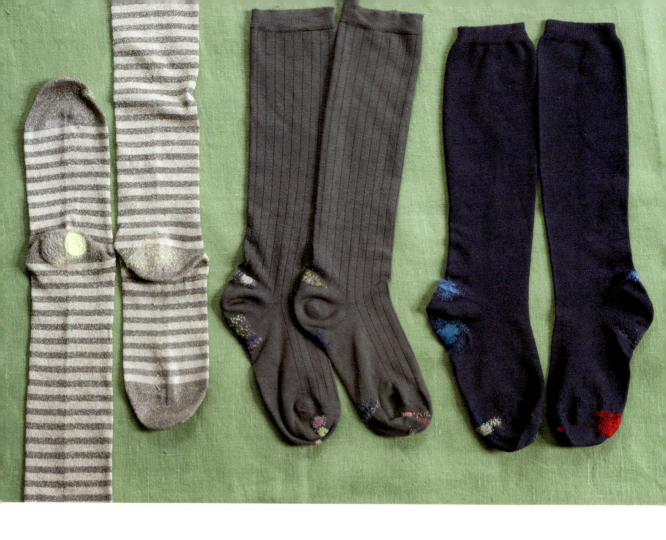

Repairmake
10

ダメージ:
経年着用によるすり減り
使用糸:極細モヘア毛糸
How to make
黄色とベージュのモヘアで左のかかとはハニカムダーニング(P48)とチェーンダーニング(P47)を、右のかかとはアコーディオンダーニング(P25)をする。

Repairmake
11

ダメージ:
経年着用によるすり減りと穴
使用糸:極細毛糸、
極細モヘア毛糸、
シルク手縫い糸
How to make
軽いすり減り部分にはゴマシオ(P13)、つま先の穴には四角(P16)でダーニングする。

Repairmake
12

ダメージ:
経年着用によるすり減りと穴
使用糸:極細モヘア毛糸、
極細毛糸
How to make
ゴマシオ+四角(P20)でダーニングする。広範囲のすり減り部分はイングリッシュダーニング(P24)をする。

ネイビーやアースカラーのアウトドアソックスには、あえて色鮮やかな糸でダーニング。縫い目を目立たせてポイントにします。

Repairmake
13

ダメージ：
経年着用によるすり減りと穴
使用糸：極細毛糸、
合細毛糸、極細モヘア毛糸など
How to make
軽いすり減りの左かかとはゴマシオ（P13）で、小さな穴もある右かかとはゴマシオ＋四角（P20）でダーニングする。

Repairmake
14

ダメージ：
経年着用によるすり減り
使用糸：コットン混の合細毛糸
How to make
かかとにハニカムダーニング（P48）をする。糸替えの時にオレンジから緑にする。

ペディキュアと同じで、つま先にきれいな色が入るとビジュアルがカラフルになり、目を楽しませてくれます。思い切って明るめの色を選んでみて。

Repairmake 15

ダメージ：
経年着用によるすり減り
使用糸：極細モヘア毛糸
How to make
かかと、つま先、親指などのすり減り部分にハニカムダーニング(P48)をする。

Repairmake 16

ダメージ：
経年着用によるすり減り
使用糸：極細モヘア毛糸
How to make
つま先、指のすり減り部分にハニカムダーニング(P48)をする。

Repairmake
17

ダメージ:
経年着用によるすり減りと穴
使用糸:極細モヘア毛糸、
合細毛糸
How to make
かかと、つま先、親指のすり減り部分に
ハニカムダーニング(P48)をする。穴に
はゴマシオ+四角(P20)でダーニングす
る。

Repairmake
18

ダメージ:
経年着用によるすり減りと穴
使用糸:極細モヘア毛糸
How to make
左の穴があいた部分はゴマシオ+四
角(P20)でダーニングする。右の小さ
なすり減り部分はハニカムダーニング
(P48)をする。

Repairmake
19

ダメージ:
経年着用によるすり減り
使用糸:刺し子糸
How to make
かかと、親指のすり減り部分にゴマシオ
(P13)でダーニングする。

Chapter 3 | デニムにダーニング

デニムは意外とダーニングしやすく、どんな糸やデザインでもマッチします。
あて布をしたり、穴以外にもダーニングで飾ったり、冒険しやすい素材なので思い切り好きに刺しましょう。

24

25

41

Repairmake
24

ダメージ：
経年着用によるすり切れや、穴
使用糸：
極細毛糸、極細モヘア毛糸、
中細毛糸、刺し子糸など
How to make
右ももは、リバティプリントを上からあ
てて、ゴマシオで縫いとめる（P26）。右
もも上のダメージが激しい部分には、
チェーンダーニング（P47）とハニカム
ダーニング（P48）をする。左ひざ上は、
鳥のモチーフの布を上からあてて穴を
カバー。左ひざ下は、ゴマシオ＋四角
（P20）でダーニングする。右膝は、裏
から生地をあててミシンで縫いとめ、穴
とあて布周辺はゴマシオ（P13）でダー
ニングする。

Repairmake
20

Repairmake
21

Repairmake
22

Repairmake
23

ダメージ：経年着用による生地の傷み
使用糸：
極細毛糸、麻の刺繍糸、
25番刺繍糸、刺し子糸
How to make
縫い方はP26参照。

Repairmake
20~22, 25

ダメージ：
経年着用によるすり切れや、
ダメージ加工されて裂けたり傷んだもの
使用糸：
極細毛糸、極細モヘア毛糸、
中細毛糸、刺し子糸など
How to make
穴と周囲の傷んだ部分をゴマシオ＋四角
（P20）でダーニングする。21は下からあて布
をして穴の周囲をゴマシオで補強（P27）。バ
ランスを見て、好きなところに好みのダーニ
ングステッチを加えてもよい。

広い面積で生地が傷み、穴もあいている
デニムにはゴマシオ＋四角の合わせ技
が効果的です。

Repairmake
25

Chapter 3

Repairmake
26

ダメージ：
漂白剤やペンキのシミと引っかけ穴
使用糸：刺し子糸、合細毛糸、麻糸
How to make
それぞれのシミ、穴に四角（P16）、ゴマシオ＋四角（P20）、タンバリンダーニング（P49）をする。袖口などにゴマシオ（P13）を刺して補強。

傷んだ部分が全体に散らばっていたため、四角、ゴマシオ＋四角、タンバリンダーニングなど、いくつかのテクニックをミックス。刺すうちに夜空の星に見えてきたので、流れ星をイメージして、ダーニングとダーニングをゴマシオでつなげてみました。

最後に袖口や前立ての一部にもゴマシオを刺して、全体のデザインを整えました。もちろん、傷んだところ1箇所だけダーニングしても、素敵に仕上がります。

{ Column 1 }
ダーニングマッシュルームの代わりに使えるもの

　1905年生まれの祖母が電球をあてながらくつ下を繕っていた光景は、おぼろげな記憶として残っています。電球はもちろん、様々な生活用具がダーニングに使えます。

　写真の左から解説します。まず、ベネチアングラスのキノコ型の置物。キラキラとプリズムの様に光を通すので、薄手のブラウスなどを細かく刺したいときに重宝しています。ガチャガチャのプラスティックのカプセル。学生さん向けのダーニングワークショップの時には、ゲームセンターのゴミ箱に捨ててあるガチャガチャのカプセルを利用しています。中に針や糸を収納できる優れもの。ただ、球のカーブが強いのが難点です。南アフリカのダチョウ牧場の友人から譲り受けたダチョウの卵の殻。デニムの膝がぱかっと空いたような大きな穴のダーニングに適しています。日本でもダチョウ牧場で販売されています。次に子安貝。ビクトリア時代にはダーニングと言えばマッシュルームではなく、貝がお約束。銀のお菓子鉢。これも大きな面積のお繕いに便利です。こけしは頭上が平たいものがおすすめ。ひょうたんは握りやすく軽いので長時間のダーニングには向いています。

　おたま、丸または卵型の積み木や置物、車のヘッドライト、マラカス、真夏には小玉スイカなどなど、代用品は生活の中に数限りなくあります。

Darning Technique 10 チェーンダーニング

刺繍の技法を使ってダーニングをする方法も。まずはチェーンステッチ。
ここではうず巻きのようにグルグルとステッチしています。
みっちり詰めてチェーンステッチをすることで、すり減った生地を補強できます。

<<こんな場合に…>>
すり減ったり、傷んだ生地に。
スカスカのくつ下に最適。

使用糸
極細モヘア毛糸（うす緑）

1　くつ下のすり減ったかかと部分をダーニングマッシュルームにセットする。

2　ダメージエリアから5mm外側を丸く並縫いして輪郭をとる。

3　2の輪郭に沿って、反時計まわりにチェーンステッチをする。

4　1周したら、少し内側に続けてチェーンステッチをグルグルと刺していく。

5　円の中心までチェーンステッチを終えたところ。中心から裏に糸を出し、糸始末（P18参照）をする。

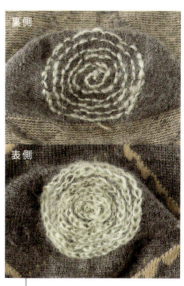

6　ダーニングマッシュルームから外すと、目の詰まったダーニングが完成。裏側もうず巻き模様に。スチームを軽くあてて糸をなじませる。

チェーンステッチ

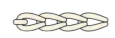

Darning Technique 11 ハニカムダーニング

ブランケットステッチを駆使して、傷んだ生地の補修ができます。
外側から内側へダメージ部分をステッチで塗りつぶすように埋めていくというやり方。
ハチの巣みたいなので「ハニカムダーニング」と呼んでいます。

<<こんな場合に…>>
すり減ったり、傷んだ生地。
広範囲のシミや汚れなどにも。

使用糸
極細モヘア毛糸（黄色、ピンク、オレンジ）

1　くつ下のすり減り部分をダーニングマッシュルームにセットし、ダメージエリアから5mm外側を並縫いで輪郭をとる。

2　1の輪郭に沿ってブランケットステッチをする（P49参照）。輪郭のラインから内側に1針すくい、針に糸をかける。

3　糸を引く。

4　少し間隔をあけて左隣に1針刺し、針に糸をかける。これを時計まわりに繰り返す。

5　1周したら、1針めのステッチに針をかけて拾う。

6　次に2周めを刺していく。1周めの内側のラインから中心に向けて1針すくい、糸をかけて、1周めと同様に刺していく。

7　どんどん内側を刺し、中心まで埋め終えたら完成。刺す際に針先を常に中心に向けて刺していくのがコツ。

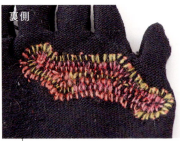

裏側　表側

8　糸は裏に出して始末（P18参照）する。スチームを軽くあてて糸をなじませる。ブランケットステッチは、裏側がきれいに肌触りよく仕上がるのもポイント。

Darning Technique 12 タンバリンダーニング

ちょっとした汚れや小さなシミを手早くかわいく繕いたい時はこのテクニック。
ブランケットステッチをアレンジしたタンバリン形の刺繍モチーフです。
ひとつだけでも、いくつも散りばめても素敵。

<<こんな場合に…>>
小さなシミや
落ちない汚れに。

使用糸
25番刺繍糸(グレー)

1　ペンでつけてしまったシミ部分をダーニングマッシュルームにセットする。

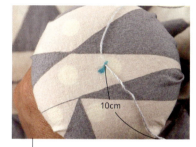

2　シミの中央に針を刺し、外側に1針すくって糸を引く。糸端は10cmほど残しておく。

3　2で刺した中央にもう一度刺し、1針めの少し左に針を出し、針に糸をかける。この後、糸を引く。

4　3を反時計まわりに繰り返していく。

5　1周したら、1針めのステッチに針をかけてすくう。

6　糸は裏に出して始末(P18参照)して完成。さらに、外側に丸くブランケットステッチを刺して大きな円にすることもできる。

ブランケット(ボタンホール)ステッチ

タンバリンステッチ

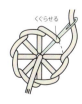

細かく刺した場合

Chapter 4 | セーターにダーニング

セーターに穴があいてしまったら、素人がお直しするのはほぼ不可能…でもダーニングなら大丈夫！
類似の毛糸で目立たなくすることもできるし、素材や色が異なる糸でアクセントにして楽しむこともできます。

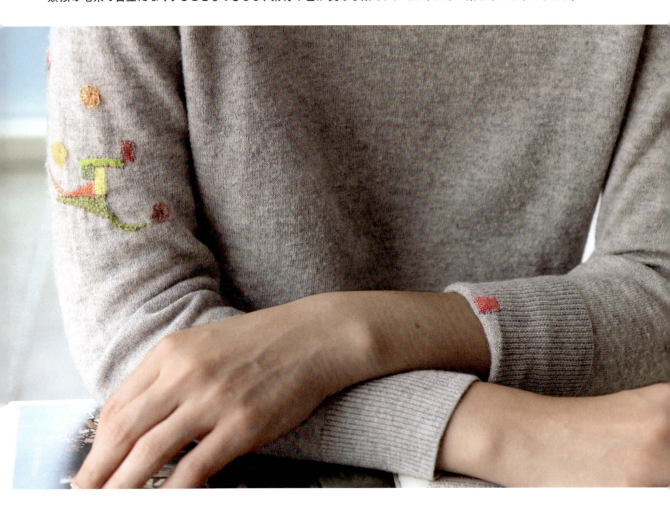

Repairmake
27

ダメージ：原因不明の小さな穴
使用糸：
極細毛糸、極細モヘア毛糸
（刺繍糸2本どりや、手縫い糸でも可）
How to make
四角(P16)でダーニングをして穴をふさぐ。三角などの変形(P22)のダーニングを加え、周囲にタンバリンダーニング(P49)を散りばめるようにする。

誰でも1枚は持っている薄手のセーター。経年着用の末、原因不明の小さな穴が目立つようになりました。四角や三角や長方形など、いろいろな形をダーニングし、さらにタンバリンダーニングも刺して華やかにお繕い。

袖口にあった穴には四角を両面からすることで、リバーシブルにダーニング。袖をめくった時にちらっとみえるステッチのかわいらしさは格別です。

Chapter 4

ネイビーにはパキッとした色がよく似合います。赤、ピンク、黄色、青の毛糸でカラフルに刺しました。

Repairmake
28

ダメージ：
経年着用による袖全体の傷み
使用糸：極細毛糸
How to make
四角の変形のL字形(P22)にダーニングをする。

Repairmake
29

ダメージ:
経年着用による糸切れした穴
使用糸:シェットランドウール
How to make
穴や傷みが激しい部分は四角(P16)でダーニングし、しっかりとふさぐ。四角を囲むように三角(P22)のダーニングを加える。

Chapter 4

多色ボーダーと同じ、または類似色の
ウールやモヘアの毛糸を選ぶことで
全体をなじませます。コサージュをイ
メージして刺しました。

Repairmake
30

ダメージ：
経年着用による細かい穴とシミ
使用糸：
極細毛糸、極細モヘア毛糸
How to make
胸元のシミに、四角（P16）や三角
（P22）のダーニングを小さくランダ
ムにする。

爽やかな初夏の水流をイメージしながら、色調、艶、素材がそれぞれ違うコットンやリネンといった夏糸で細長い三角形にダーニング。

Repairmake
31

ダメージ：
糊のようなものがついて
繊維が固く変化してしまった
使用糸：
コットンとリネンの刺繍糸
How to make
ダメージ部分に沿って、三角(P22)
のダーニングをする。

Chapter 4

Repairmake 32

ダメージ：
生地とリブの間の裂け目
使用糸：シルク手縫い糸
How to make
裂け目に薄い生地を裏から当て補強をしてから、ゴマシオ＋四角（P20）でダーニングする。つなぎ目の補強とダーニング部分をなじませるため、周囲にもゴマシオ（P13）をする。

Repairmake 33

使用糸：
和紙糸、シルク手縫い糸
How to make
アコーディオンダーニング（P25）をする。まず、和紙糸でシミのエリアにタテ糸を渡す。シルク手縫い糸（段染め）で横方向にゴマシオでダーニングする。

淡い色の衣類についた大きなシミは、漂白もできず修復が難しいもの。そんなときは、広い面積も隠せるアコーディオンダーニングがおすすめ。ヨコ糸は手縫い糸でもOKです。

Repairmake
34

ダメージ：
虫食いによる親指爪大の穴
使用糸：
シルク手縫い糸、
ベルベットの幅広リボン
How to make
縫い方はP27参照。

しっとりとしたカシミアセーターの風合いに合うよう、玉虫色の艶があるベルベットリボンを使用。シルク手縫い糸で周囲にステッチし、ブローチのようなモチーフに。

Chapter 4

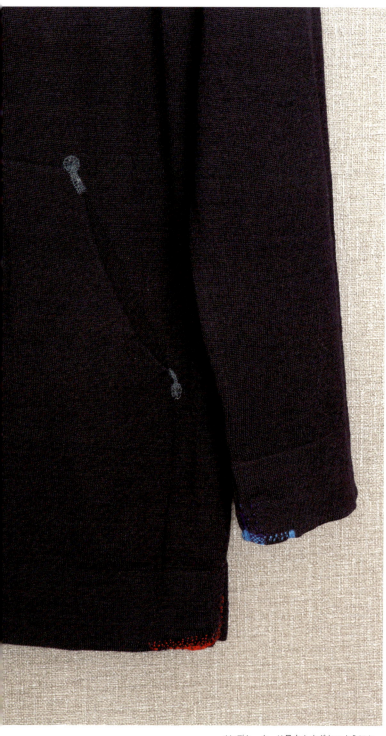

Repairmake
35

ダメージ：
経年着用による
細かな糸切れによる穴やすり切れ
使用糸：極細毛糸
How to make
ゴマシオ＋四角（P20）で細かくダーニングする。ポケットの縁にタンバリンダーニング（P49）をする。

メンズセーターは目立ちすぎないようにセーターで使われた毛糸とほぼ同じ番手の極細毛糸を使用。かなり鮮やかな色を選んでも、糸が細いのでなじみがよく自然な仕上がりに。

ハンガーにかけたときにも目に楽しいように裏側にも同様のダーニングをしてリバーシブルに。

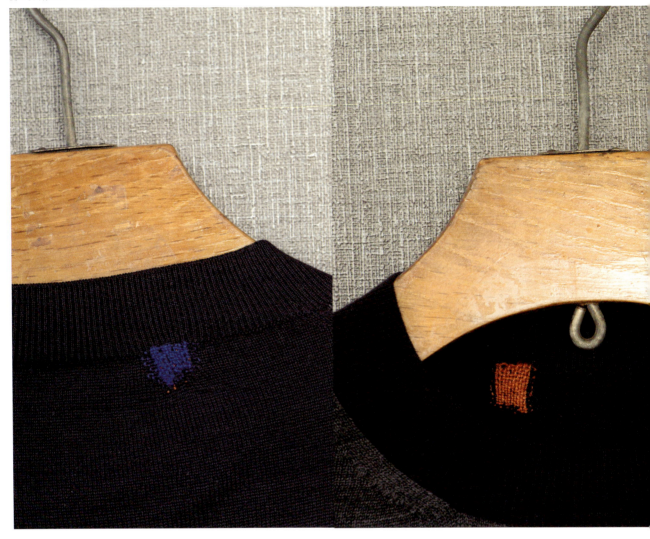

Repairmake
36

ダメージ：
後ろ身頃のリブのつなぎ目の目落ち
使用糸：極細毛糸
How to make
表側からイングリッシュダーニング(P24)をする。裏側も表の縫い目に沿って四角(P19)のダーニングをする。

Chapter 5 | シャツにダーニング

コットンやリネンのシャツも、白い部分にシミをつけてしまったり、着続けて衿元が黄ばんでしまったり…。
生地の厚さに合わせて糸の太さを選んで、ダーニングしてあげましょう。

Repairmake 37

ダメージ：複数のコーヒーのシミ
使用糸：ラメ入り中細毛糸

How to make
シミが隠れる位置にコップの上と底をあて、ひょうたん形になるように印付けペンで下描きする。ハニカムダーニング(P48)でグルグルと形を埋めていく。完全に埋めても、中央を少し残してもOK。

Repairmake 38

ダメージ：
アクセサリーで引っかけた穴、
小さなシミ
使用糸：極細ラメ糸
How to make
穴とシミの上に四角(P16)のダーニングをする。さらに、全体のバランスを見ながら、四角のダーニングをプラスする。

優しいブラウスのイメージを大切にしたかったので、極細のラメ糸で1cm角くらいの小さな四角のダーニングをさりげなく散りばめました。

Chapter 5

白い衿がなんとなく真っ白ではなくなってきて長年の疲労が目立つシャツには、真夏の入道雲をイメージしたラインをゴマシオで刺しました。衿角はブランケットステッチで補強。

Repairmake
39

ダメージ：経年着用による黄ばみ
使用糸：刺繍糸
How to make
黄ばんできた白の衿、袖口に、ゴマシオ（P13）でダーニングする。

Repairmake
40

ダメージ:
経年着用によるくたびれ
使用糸:麻糸
How to make
衿もと全体に、ゴマシオ(P13)で細かくダーニングする。

Repairmake
41

ダメージ:
経年着用による脇のすり切れと
大きめの穴
使用糸:
麻の刺繍糸、刺し子糸、
合細毛糸、極細モヘア毛糸
How to make
裏から布をあて、ミシンまたはゴマシオで縫いとめる(P26)。痛みが激しい部分にはゴマシオ＋四角(P20)でダーニングする。スリットの裾も、刺し子糸でゴマシオ＋四角でダーニングする

Chapter 6 | ワンピースにダーニング

お気に入りのワンピースには、そのデザインに合わせてダーニングもひと工夫。
細い糸で生地になじませたり、ビーズを刺して逆に目立たせたり、臨機応変に繕うのがポイントです。

デリケートで目が詰まった織生地になじむよう、刺繍糸1本で細かく刺すのがコツ。裾のシミにはひとつだけタンバリンダーニングを施して。

Repairmake
42

ダメージ：
後ろ身頃の背中に生地のすり切れ
使用糸：
シルクミシン糸、ポリエステルミシン糸、
刺繍糸
How to make
イングリッシュダーニング(P24)で細かく刺す。

Repairmake
43

ダメージ：
長期保存による細かな虫食い穴
使用糸：シルク手縫い糸、ビーズ
How to make
四角(P16)でダーニングをし、その上に
ビーズを縫い付ける。全体のバランス
を見ながらビーズを縫い足す。

ワンピースとほぼ同色のシルク手縫い糸でダーニングを
し、細かなビーズをプラス。シックな黒のワンピースを上
品に飾りました。

Chapter 6

Repairmake
44

ダメージ:
後ろ身頃のお尻辺りにできた
生地の裂け
使用糸:
ポリエステルミシン糸
How to make
穴に上から布をあて、ゴマシオで
ダーニングする(P26)。

繊細で薄いシルク生地が裂けてできた穴には、下または上から生地を当てゴマシオで補強。バランスを取って、胸元にも同様の飾りをプラスしました。

Column 2
繕うということ
クラフトと科学の不思議な関係

写真左から、解剖実習室で繕った学生のシャツ。新品のスポーツソックスにダーニングし、繕うことのコントラストを表現。ロエベクラフトプライズ受賞作。朽ちてバラバラなニットをダーニングで再生。

http://www.celiapym.com

　繕うことは「自分の手でものの延命の一端を担いながら、さらには自分や他人の心までも癒してくれる」こと。ロンドンのキングスカレッジ医学部では、2014年に興味深いプロジェクトが行われました。

　それは、テキスタイルアーティストのセリア ピムさんと生物神経学者のリチャード ウィンゲイト博士の共同研究プロジェクト。ピムさんは英国王立美術大学院のテキスタイル科を卒業し、編み物とダーニングを活かした作品作りで活躍中。一方、ウィンゲイト博士は「解剖実習が医学生に及ぼす心理的影響」をテーマに研究しています。2人は話し合ううちに、外科手術とダーニングの共通点＝「繕うということ」を見出しました。そこで、ウィンゲイト教授はピムさんという外部の人物を解剖実習室の片隅に座らせ、3か月間淡々とダーニングをしてもらうという実験を行います。ピムさんは毎日大学病院の医学生や職員が持ち込んだ衣類を繕い、持ち込んだ人から衣類への思いや傷んだ経過などを聞き、身体の癖や生活ぶりを理解します。毎日献体による解剖実習が繰り返される実習室では、医学生とはいえ慣れない作業と緊張で心を乱す生徒もいて、そんな生徒はピムさんの淡々と行う修繕作業の横に座ります。すると、気持ちが落ち着き、再び実習へと向かうことができるのです。

　「実習室に通い、医学生たちと話をしながらダーニングをする。どんなに上手くいった修繕でも、決して新品のようにはならないが、再び使えるようになり、ものへの慈しみがわいてくる。それは、ものも体も同じ。同じ空間で、医学生達と解剖（傷んだ箇所を解く）、検証（傷み具合をよく見る）、縫合（縫い合わせる）という修復作業を共有することこそが大切だと気づきました」

　ひたすら繕うピムさん。その姿が実習室の空気の流れを穏やかにし、学生たちの志に寄り添うことで心を鎮めたのではないか、ウィンゲイト博士はそう分析しています。

Chapter 7 | Tシャツ etc. にダーニング

夏のアイテムはざぶざぶ洗って何度も着るので、あっという間にクタクタに。
首まわりや袖口などを部分的にダーニングするだけでも、ぐっと見た目がよくなり、服もリフレッシュされます。

Repairmake 45

ダメージ：シミや小さな穴
使用糸：ラフィア
How to make
ゴマシオ(P13)とチェーンステッチ(P47)でダメージ部分をカバーしつつ、服の絵柄に沿って刺す。

ラフィアは椰子からできた天然素材。繊維を好みの太さに裂きながら使います。糸端は始末をせず、フリンジのように残しておきます。

Repairmake
46

ダメージ:
経年着用による首まわりのすり切れ
使用糸:刺繍糸
How to make
首まわりの縁にゴマシオ(P13)とブランケットステッチ(P49)をする。

Repairmake
47

ダメージ:ひっかけ穴
使用糸:刺し子糸、刺繍糸
How to make
コットンのポロシャツと合わせてコットンの糸のみ使用。ゴマシオ+四角(P20)でダーニングする。

Repairmake
48

ダメージ:引っかけ穴
使用糸:刺繍用ラメ糸、ビーズ
How to make
ビーズを織り込みながら四角(P16)でダーニングをする。ダーニング部分が周囲になじむようゴマシオ(P13)で刺す。

Repairmake
49

ダメージ:
経年着用による首まわりのすり切れ
使用糸:しつけ糸
How to make
柔らかくて肌になじむしつけ糸を使ってゴマシオ(P13)を刺す。

Chapter 8 | 子ども服にダーニング

すぐに穴があいたりシミが付いたりと、何かとダメージが多い子ども服もダーニングで解決。
気に入ったワッペンやアップリケと併用してもかわいい。

Repairmake 50

ダメージ：
複数の細かい穴とシミ
使用糸：刺し子糸、縫い糸
How to make
四角（P16）、三角、L字形などの変形（P22）のダーニングを全体に散らす。

長袖Tは同系色、半袖Tには反対色の青の糸を使用。全体的にダメージがあるので様々な形を模様のように散らしました。ズボンの膝は三角＆L字形でキュートなアクセントに。

Repairmake 51

ダメージ：
糸切れや引っかけによる小さな穴
使用糸：刺繍糸
How to make
穴は四角(P16)で、穴の周囲の傷みや伝線した線状の傷みはゴマシオ(P13)でダーニングする。

Repairmake 52

ダメージ：膝の穴
使用糸：
合細毛糸、中細毛糸、極細モヘア毛糸
（ナイロンやアクリル混も丈夫なのでよい）
How to make
縫い方はP22参照。

Chapter 8

Repairmake
53

ダメージ：
衿や縁取りに漂白剤による脱色
使用糸：刺し子糸
How to make
脱色したエリアの輪郭に沿って、ハニカムダーニング(P48)をする。

まだらに脱色した形を活かし、胸のワッペンに合わせた鮮やかなオレンジ色の刺し子糸でハニカムダーニングをしました。簡単に大小の楕円形に刺してもかわいい。

Repairmake
54

ダメージ：膝にできたすり切れ穴
使用糸：刺し子糸、白黒杢の麻糸
How to make
穴の上に印付けペンで丸を下描きする。下描きに沿って並縫いし、その縫い目を隠すようにタテ糸を渡し、四角の変形(P22)の要領でダーニングする。

デニムの風合いに合わせ、コットンの刺し子糸、麻糸をセレクト。水玉模様のような丸もデニムとの相性抜群です。

Chapter 9 | インテリアにダーニング

布製のものなら、インテリアもダーニングで修繕することができます。
テーブルクロスやブランケット、クッション、ソファなどなど、丈夫な糸を選んでしっかりお直ししてあげましょう。

長年折りたたんであった外側の角周辺に大きなダメージがありました。厚手の生地なので、中細、合太、並太などいろいろな太さでざくざくとダーニング。グレーに引き立つ明るめの色を選んでいます。

Repairmake
55

ダメージ：
経年劣化による
虫食い穴やほころび
使用糸：
極細、合細、合太などの毛糸や
モヘア毛糸
How to make
ダメージ部分にゴマシオ＋四角（P20）でダーニングをする。縁のほころびはゴマシオ（P13）で補強する。

Chapter 9

Repairmake
56

ダメージ：裂けた穴
使用糸：麻糸
How to make
穴の部分にゴマシオ＋四角（P20）でダーニングする。テーブルクロスのざっくりした刺繍に合わせ、素朴な麻糸を使用。

Repairmake
57

ダメージ：
猫にかじられ、引っ掻かれて
できた生地の傷みと大穴
使用糸：シェットランドウール
How to make
ゴマシオ＋四角(P20)でダーニングする。縁にブランケットステッチ(P49)をする。大きな穴は底の丸い器やボウルなどをあてるとよい。

ペットがいるお宅では、布製インテリアのダメージは諦めがち。でもゴマシオ＋四角なら、大きな面積の修繕も可能。裏側(写真右)まで美しく仕上がります。

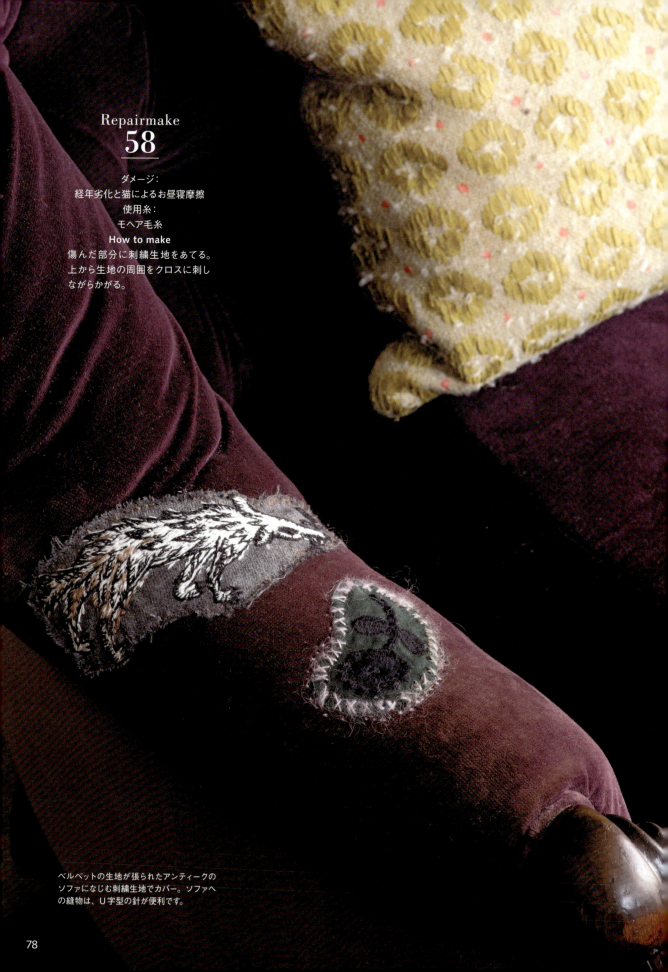

Repairmake
58

ダメージ：
経年劣化と猫によるお昼寝摩擦
使用糸：
モヘア毛糸
How to make
傷んだ部分に刺繍生地をあてる。
上から生地の周囲をクロスに刺し
ながらかがる。

ベルベットの生地が張られたアンティークの
ソファになじむ刺繍生地でカバー。ソファへ
の縫物は、U字型の針が便利です。

Repairmake
59

ダメージ：
経年劣化による
広範囲の生地の傷み
使用糸：刺し子糸
How to make
円の中心からタンバリンダーニング（P49）をぐるぐると刺していく。その周囲にさらにゴマシオ（P13）をぐるぐると丸く刺す。

広範囲のダメージの場合、タンバリンダーニングがおすすめ。ひとつふたつでも絵になるし、自分の時間に合わせていくらでも刺し足せるのがダーニングの自由で楽しいところです。

Chapter 10 | おでかけ小物にダーニング

薄手のショールは細い糸で細かく、ジュートのバッグは太めの和紙糸でザクザクと、
お出かけ小物の素材に合わせて、糸やステッチを選びましょう。

Repairmake
60

ダメージ：
引っかけてできた生地の裂け目
使用糸：
シルクミシン糸、ラメミシン糸
How to make
ダーニングと生地がなじむように、
イングリッシュダーニング(P24)で
細かく刺す。

Repairmake 61

ダメージ:
経年使用による
手持ち部分の劣化と小さなシミ
使用糸:麻の刺繍糸
How to make
持ち手部分はゴマシオ(P13)でダーニングする。本体のシミ部分にはタンバリンダーニング(P49)をする。

ダメージ部分のダーニングが仕上がったら全体を眺めて、必要であれば数箇所ステッチをプラスして、デザインのバランスを取りましょう。

Chapter 10

Repairmake 63

ダメージ：経年変化によるくたびれ
使用糸：和紙糸
How to make
ジュートの編み目に沿って、ヨコ糸をハート形に織り込んでいく。

Repairmake 62

ダメージ：原因不明の変色
使用糸：和紙糸
How to make
タンバリンダーニング(P49)でぐるぐると刺す。糸が足りなくなったら、色を替えて続けて刺す。

ジュートバッグには、ジュートと相性のいい和紙糸を選択。ハートが甘くなりすぎないようにチャコールグレー1色で仕上げました。

ダーニングの糸の選び方

ダーニングに使う糸は、基本的に家庭にあるどんな糸でも使えます。世の中にはたくさんの種類の糸があって、それを駆使して自分なりにデザインするのもまた面白い。そんなふうにダーニングを楽しみたい人へ、それぞれの糸の特徴と、生地との相性をご紹介します。

フランス刺繍糸（25番刺繍糸）
6本どりになっているので、生地の厚さによって、何本どりにも調整できて便利です。

和紙糸
和紙糸やラフィアも夏もの衣料のダーニングに使うと面白い表情が出ます。買う前に、必ず洗濯が可能な糸かどうかを確認しましょう。

ラメ糸
手縫い用、ミシン用、手編み用と様々な太さ、硬さがあります。さりげなく小さな面積で使うと、上品なかわいらしさが引き立ちます。

シルク手縫い糸
光沢のあるシルク製の糸を使うと大人っぽい表情に。カシミアのセーターから着古したジーンズまで、幅広く使用できます。

並太毛糸

サマーヤーン
麻混や、レーヨン、絹混のものもあり、太さも極細から太糸まで様々あるので、バリエーションを楽しめます。

毛糸
ダーニング初心者に使いやすいのは極細〜中細の毛糸です。

極細毛糸

ボタン付け糸
ボタン付け糸や手縫い糸、ミシン糸は丈夫なので補強に最適。目の細かさに合わせ、1本（細）〜数本どり（粗）に調節して使います。

しつけ糸
柔らかいコットンの繊維でできているため、ガーゼのような生地のブラウスやカットソー、肌着などのダーニングに。

モヘア
動物性繊維のダイヤモンドと言われるくらい、強靭で光沢があります。吸湿性にも優れ、蒸れないのでくつ下のダーニングに特におすすめ。

リボン
あて布として、小さめの穴に使えます。

knit wear
Sampler
ウールニットのサンプラー

ウールのニットには毛糸を合わせてもいいし、
あえてコットンの糸を合わせて素材感を際立たせても。

糸と生地の合わせ方❶
ウールやカシミアのセーター

一番なじむ糸は、ウールセーターならウール、カシミアセーターならカシミアですが、私はあえて素材を変えてダーニングをすることも。ふわっとしたセーターにシャリ感のある麻の刺繍糸を使ったり、しっとり柔らかいカシミアのセーターにざらつき感のあるシェットランドウールや起毛したモヘア糸などを使ってみたり…。細い糸だと生地とのなじみはよくなりますが、あえて色の差のある太い毛糸を選んでもデザインのポイントになります。

ブランケットステッチ

ゴマシオ
カシミア糸（マスタード）

アコーディオンダーニング
タテ糸…ツイード糸（ベージュ）
ヨコ糸…シルクのミシン糸（オレンジ）

イングリッシュダーニング
タテ糸・ヨコ糸…
シルク糸（オリーブグリーン）

四角
タテ糸・ヨコ糸…
リボン糸（ゴールド）

タンバリンダーニング
ポリエステル＆ナイロン糸（ゴールド）

ゴマシオ
しつけ糸（緑）

四角
タテ糸…中細毛糸（青）
ヨコ糸…中細毛糸（水色）

四角
タテ糸・ヨコ糸…
中細毛糸（ライラック）

四角
タテ糸・ヨコ糸…
極細モヘア毛糸（あかね色）

四角
タテ糸・ヨコ糸…
カシミア糸（マスタード）
※ヨコ糸を2回続けて
タテ糸2本にくぐらせる。

四角
タテ糸・ヨコ糸…
木綿のレース編み糸（レンガ色）

shirts
Sampler

シャツのサンプラー

ナチュラルなイメージのシャツはアースカラーの糸をセレクト。
麻糸やラフィアをざっくり刺してもおしゃれ。

糸と生地の合わせ方❷
シャツやチノなどの織り生地

生地に伸縮性がない分、ダーニングしにくかったり、目の詰まった織生地は針が入りにくかったりします。慣れないうちは、刺繍糸や手縫い糸、ミシン糸のように糸通りが滑らかな糸を使うのがおすすめ。ミシン糸は生地の厚さや針目の大きさによって、1、2、3本どりと本数を変えてもいいでしょう。また、しつけ糸は柔らかい糸なので、ガーゼ織や柔らかな生地にぴったり。肉厚のシャツやチノパンなどには、丈夫な刺し子糸が最適です。

ゴマシオ＋四角
タテ糸・ヨコ糸…25番刺繍糸（白）

タンバリンダーニング
極細モヘア毛糸（グレー）

四角
タテ糸・ヨコ糸…ツイード糸（黒）

あて布～上から＆ゴマシオ
メタリックミシン糸（黒）

四角
タテ糸・ヨコ糸…
並太ツイード糸（ナチュラル）

四角
タテ糸・ヨコ糸…
ラフィア糸（ライラック）

チェーンステッチ
タテ糸・ヨコ糸…
木綿糸（ピーコックグリーン）

ゴマシオ・裏

四角
タテ糸・ヨコ糸…
サマーヤーン（黒×白）

ゴマシオ＋四角
タテ糸…
モヘア糸（ブルーグレー）、
カシミア毛糸（水色）
ヨコ糸…
モヘアシルク糸（ライラック）、
カシミア毛糸（水色）

四角
タテ糸・ヨコ糸…
中細毛糸（クリーム色）

四角
タテ糸…麻糸
ヨコ糸…
麻糸、シルクのミシン糸（生成り）

ゴマシオ・裏
25番刺繍糸（白）、ビーズ（シルバー）

Sampler
polo shirts
ポロシャツのサンプラー

定番のネイビーのポロシャツは、カラフルな色の糸を選んでもかわいい。
素材はウール、コットン、リネン何でもOK。

糸と生地の合わせ方❸
ポロシャツ、Tシャツ、スウェット

伸縮性のあるコットン素材には、同じくコットンや麻などの植物性天然繊維の糸がなじみます。例えば、刺繍糸、綿の縫い糸、綿の穴糸、しつけ糸、刺し子糸など。その他、ラフィアや和紙糸などもパリッとした質感が際立ち、面白いダーニングを楽しめます。もちろんTシャツにウール糸で刺しても。洗濯したらウールの部分だけ縮んでしまうような変化も楽しいものです。くつ下には、強靭かつ吸湿性に優れた極細モヘア毛糸もおすすめです。

四角
タテ糸・ヨコ糸…
25番刺繍糸2本どり(オレンジ)、
極細モヘア糸(黄色)

四角の変形
タテ糸・ヨコ糸…
サマーヤーン(緑)

アコーディオンダーニング
タテ糸…和紙糸(ネイビー)
ヨコ糸…25番刺繍糸(あかね色)

ゴマシオ・裏
ミシン糸(ライラック)

あて布～上から&ゴマシオ
ミシン糸(薄ピンク、シルバー)

四角
タテ糸・ヨコ糸…
リネン刺繍糸2本どり(グレー))

四角の変形
タテ糸・ヨコ糸…木綿糸(ピンク)

四角
タテ糸・ヨコ糸…
中細毛糸(白×グレー)

四角
タテ糸・ヨコ糸…
極細毛糸3本どり(オレンジ)

四角
タテ糸・ヨコ糸…サマーヤーン(青)

ゴマシオ+四角
タテ糸…極太毛糸(草色)
ヨコ糸…しつけ糸(緑)

Sampler
denim
デニムのサンプラー

ダーニングがよく似合うデニムには
好きな糸を自由に使って楽しみましょう。
穴にはあて布を活用しても。

糸と生地の合わせ方❹
デニム

どんな素材、色でもしっくり合うのがデニム。着こんだデニム地は柔らかく、意外にもダーニングしやすいのです。コットンやリネンだけでなく、ウール、モヘア、カシミアといった動物性繊維の糸、レーヨンやシルクなど光沢のある糸、ラメ糸、リボンヤーンでも素敵です。補修後は、その周囲が急に弱ってきます。そうしたらまた、ダーニングするチャンス。最初の箇所と少し交わるように補修しましょう。ダーニング同士がなじんで深みが増します。

アコーディオンダーニング
タテ糸…中細毛糸(青)、極細毛糸(黄色)
ヨコ糸…ミシン糸(ピンク)

アコーディオンダーニング
タテ糸…和紙糸(生成り)
ヨコ糸…シルク糸(オレンジ)

四角
タテ糸・ヨコ糸…
極細モヘア糸(段染め)

あて布〜上から&ゴマシオ
メタリックミシン糸(シルバー)
ビーズ(グレー)

チェーンステッチ
極細モヘア糸(薄ベージュ)

ハニカムダーニング
25番刺繍糸2本どり(黄緑)

ゴマシオ+四角
タテ糸・ヨコ糸…刺し子糸(段染め)

四角
タテ糸・ヨコ糸…中細毛糸(水色)

あて布〜下から&ゴマシオ・裏
メタリックミシン糸(ゴールド)

四角
タテ糸・ヨコ糸…
ウール×コットン糸(ピンク)

四角
タテ糸・ヨコ糸…
サマーヤーン(ライトグレー)

四角
タテ糸…
ラフィア糸(オレンジ)
ヨコ糸…
ラフィア糸(オレンジ、グレー)

ゴマシオ
25番刺繍糸2本どり(黄緑)

デニム&くつ下のパターン集

いたるところにダメージがあるデニムやくつ下。
本編では十分にご紹介しきれなかった細部をピックアップしました。
ダーニングをする時のヒントにどうぞ。

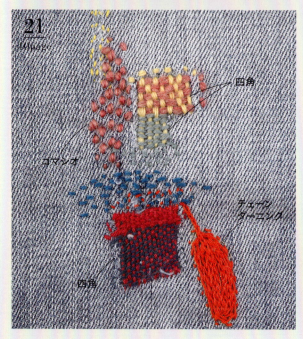

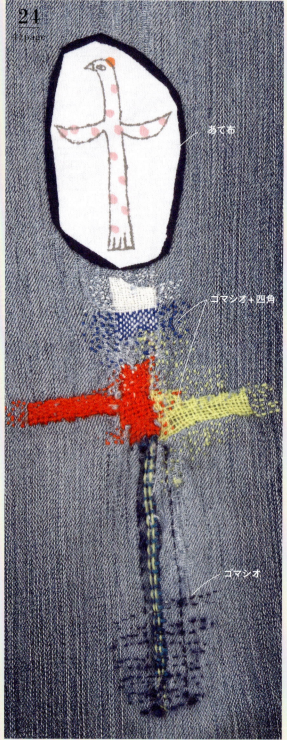

17 39page
ハニカムダーニング
ゴマシオ＋四角

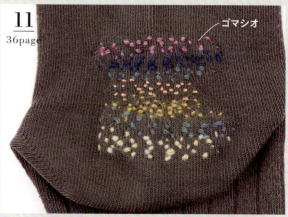

11 36page
ゴマシオ

11 36page
ゴマシオ＋四角

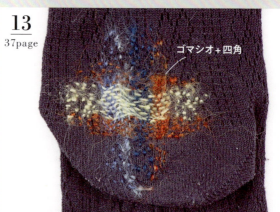

13 37page
ゴマシオ＋四角

14 37page
ハニカムダーニング
ゴマシオ

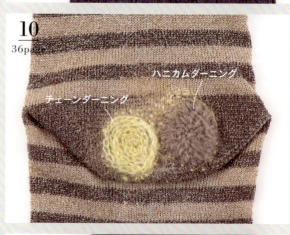

10 36page
チェーンダーニング
ハニカムダーニング

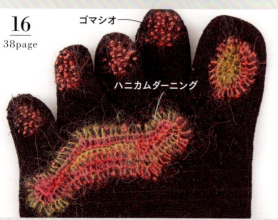

16 38page
ゴマシオ
ハニカムダーニング

12 36page
ゴマシオ＋四角

おわりに

「靴下が3足1000円の時代に、繕ってでも履き続けたい人なんているわけがない」と言われながら、この5年で驚くほど多くの方にダーニングを指導する機会に恵まれました。みなそれぞれ断捨離をしてみたものの「傷みがひどくても、どうしても捨てられない大切な衣類がある」といった思い出の衣類を片手に、何ができるのかという期待を胸に秘めてワークショップに参加されます。そんな衣類の思い出話を聞かせていただいたり、お母様から引き継いだり、放置してあったお裁縫資材をぜひダーニングに使いたいという方がいらしたり。そういった多くの出会いの中から、新しいダーニングのステッチや糸の使い方、選び方などを自分自身で発展させてゆくことができました。この63通りの用例を見ていただいてわかるように、ダーニングは衣類の傷み方もそれぞれなので、糸も針目も色も形も本当に自由です。ダーニング、ものの延命治療。もう少しだけ、いや、もっと長ーく使いたい。そう願ってものの寿命を決めるのは、あなた自身なのです。ダーニングがより多くの方の生活の友となりますように。

　改めまして、私のダーニング活動を早くから応援してくださった『毛糸だま』元編集長の青木久美子さん、ライフスタイルスタイリストで、住まいのリノベーション、DIYのリーダーである石井佳苗さん、本誌製作にあたりたくさんのダメージ衣類をご提供くださったミナ ペルホネンの社員のみなさん、日本ヴォーグ社の社員のみなさん、Keito のみなさん、赤岩智美さん、手塚真木子さん、ケンさん、クボちゃん、ヒロミさん、リペアメイク製作メンバーにお礼申し上げます。

hikaru noguchi

h i k a r u n o g u c h i

野口 光

テキスタイルデザイナー。ニットブランド「hikaru noguchi」主宰。武蔵野美術大学を卒業後、イギリスの大学にてテキスタイルデザインを学ぶ。ロンドンをベースに、インテリアをはじめ、ファッション界でニットデザインのコレクションの発表を続ける。世界各地でテキスタイル関連のデザインやコンサルタント、執筆など活動の幅を広げている。近年はダーニング人気の火付け役として、各地で教室やワークショップを開催。オリジナルダーニングマッシュルーム、ステッチ糸も手掛ける。

ホームページ
http://hikarunoguchi.com/
ワークショップやオリジナル商品の情報
https://darning.net/
Instagram
hikaru_noguchi_design

[おすすめ素材メーカー&ショップ]
◎パピー
和紙風糸、2 PLY、3 PLY、モヘア毛糸がおすすめ。
http://www.puppyarn.com/
◎ホビーラホビーレ
美しい色合いの刺し子糸やあて布に使えるリバティ生地が種類豊富。
https://www.hobbyra-hobbyre.com/
◎横田株式会社・DARUMA
小巻の毛糸やネオンカラー糸、手縫い糸、ミシン糸、ラメ糸まで。
http://www.daruma-ito.co.jp/
◎MOORIT
上品な色合いの珍しい外国製の刺繍糸や毛糸など。
http://moorit.jp/
◎Keito
ジェイミソンズ社(シェットランドスピンドリフト)の品ぞろえが充実。小巻セットもあり。
https://www.keito-shop.com/
◎ミナ ペルホネン
あて布に使える美しい端切れセット。
http://www.mina-perhonen.jp/
◎越前屋
あらゆる刺繍糸や刺繍道具が手に入る。
http://www.echizen-ya.co.jp/
◎新宿オカダヤ
ミシン糸、毛糸、刺繍糸の他、多種多様な生地・手芸資材がそろう。
http://www.okadaya.co.jp/shop/c/c10/

staff
撮影/馬場わかな、森谷則秋(プロセス)
スタイリスト/石井佳苗
モデル/関 恵理子
ブックデザイン/寺山文恵
編集進行/菅原夏子
編集/鈴木博子

素材協力/ミナ ペルホネン

※印刷物のため、実際の色とは色調が異なる場合があります。
※万一、乱丁本、落丁本がありましたら、お取り替えいたします。小社出版受注センターまでご連絡ください。
※本書の複写にかかる複製、上映、譲渡、公衆送信(送信可能化を含む)の各権利は株式会社日本ヴォーグ社が管理の委託を受けています。
JCOPY <(社)出版者著作権管理機構 委託出版物>
本書の無断複写は著作権法上での例外を除き禁じられています。複写される場合は、そのつど事前に、(社)出版者著作権管理機構(電話 03-5244-5088、FAX 03-5244-5089、e-mail: info@jcopy.or.jp)の許諾を得てください。

野口光の、
ダーニングでリペアメイク
発行日/2018年10月23日 第1刷
　　　2022年1月8日 第12刷
著者/野口 光
発行人/瀬戸信昭 編集人/今ひろ子
発行所/株式会社日本ヴォーグ社
〒164-8705 東京都中野区弥生町5-6-11
電話/編集03-3383-0637
出版受注センター/TEL.03-3383-0650 FAX.03-3383-0680
印刷所/大日本印刷株式会社 Printed in Japan ©Hikaru Noguchi 2018
ISBN978-4-529-05839-1

あなたに感謝しております We are grateful.

手づくりの大好きなあなたが、この本をお選びくださいましてありがとうございます。
内容はいかがでしたでしょうか? 本書が少しでもお役に立てば、こんなにうれしいことはありません。
日本ヴォーグ社では、手づくりを愛する方とのおつき合いを大切にし、ご要望におこたえする商品、サービスの実現を常に目標としています。
小社及び出版物について、何かお気付きの点やご意見がございましたら、何なりとお申し出ください。
そういうあなたに私共は常に感謝しております。

株式会社日本ヴォーグ社社長 瀬戸信昭
FAX 03-3383-0602